AF332291

PAUL MARMOTTAN

LE PEINTRE
LOUIS GAUFFIER

PARIS

GAZETTE DES BEAUX-ARTS

1926

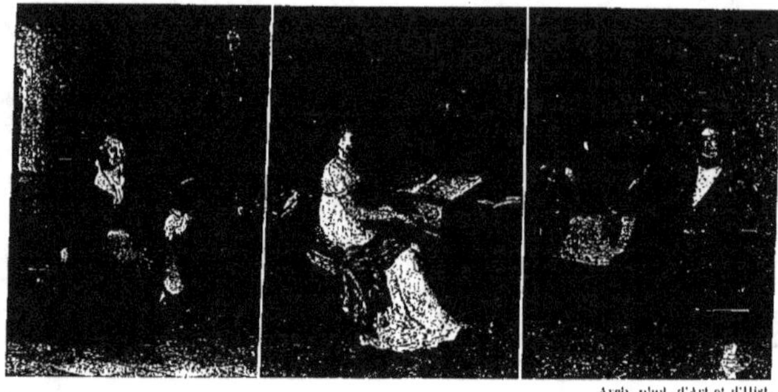

ÉTUDES DE PORTRAITS
(Musée de Versailles.)

LE PEINTRE LOUIS GAUFFIER

CET artiste qui, à vingt-deux ans, obtint à l'Académie le grand prix de peinture (1784), n'était pas né à La Rochelle ou à Rochefort en 1763 comme l'ont écrit Landon, Siret, Bellier de la Chavignerie et Thieme[1], qui se sont répétés. Son portrait à l'aquarelle, que nous reproduisons (coll. Artus), porte bien mention de La Rochelle, mais l'exactitude de la méthode scientifique ne nous permet pas de maintenir cette légende. C'est à Poitiers, paroisse de Montierneuf, qu'il vit le jour, le 10 juin 1762[2]. — Il était fils d'un ouvrier qui entra à l'Arsenal de Rochefort peu de temps après sa naissance. Les registres paroissiaux de l'état-civil attestent qu'en 1767 un frère lui naquit dans cette ville, c'est ce qui a produit la confusion. Louis Gauffier avait alors cinq ans. C'est là que, protégé par un membre de la famille de Vaudreuil, qui était Commissaire de marine, il reçut les premiers encouragements.

1. Landon, *Annales du Musée*, vol. IV in-8°, p. 89, qui reproduit dans ce même tome, gravé au trait par Normand, un dessin de Gauffier ayant pour sujet : *L'Amour endort le Temps*; Bellier de la Chavignerie et Auvray, *Dictionnaire des Artistes de l'École française*; Thieme, *Künstler-Lexikon*.

2. L. Moinet dans la *Revue de Saintonge et de l'Aunis* de 1895, t. XV, pp. 436 à 440.

Il n'existe jusqu'ici sur lui que de trop brèves notices imprimées, dont quelques-unes anciennes et rares. Gauffier mérite pourtant qu'on essaye de reconstituer sa vie.

C'était un artiste d'élite mort si jeune, à trente-sept ans, que la critique eut à peine le temps de s'occuper de lui. Entré à l'École de Rome le 25 novembre 1784, il en sortit le 25 novembre 1788. Sur cette période de ses études on est assez documenté grâce à la publication intégrale de la *Correspondance des Directeurs* due à l'initiative de la Société de l'Histoire de l'Art français [1].

Il avait obtenu le premier prix en 1784, *ex æquo* avec Germain Drouais. Tous deux sont élèves de David et s'en prévalent. Arrivé à Rome le 25 novembre 1784, Gauffier se met aussitôt au travail. Dès ses débuts, il inspire confiance au directeur alors en fonctions, le peintre Ménageot.

Les passages de lettres qui le concernent sont fréquents. Et d'Angiviller, le surintendant, ne tarde pas à partager la bienveillance du directeur. Gauffier est, comme le jeune sculpteur Chaudet, son camarade d'alors, sympathique pour sa bonne éducation et son talent. Ses contemporains lui reconnaissent un caractère aimable, doux et modeste, qui se reflète dans ses ouvrages.

Gauffier, pour ses débuts, avait exposé une académie peinte et une esquisse au Salon de 1785.

« Il est moins fort que Drouais, mande Lagrenée l'aîné à d'Angiviller, le 19 octobre 1785, mais il promet beaucoup. Peu accoutumé à peindre le grand, je crois qu'il fera beaucoup mieux la prochaine fois [2]. »

Dans une autre lettre de Pierre à d'Angiviller datée de Rome, 7 novembre 1786, Gauffier est qualifié de *second Lesueur*. Son académie est faible, mais elle se recommande par les draperies. Lagrenée, d'autre part, annonce à d'Angiviller que Gauffier a sur le chevalet un tableau représentant *Laban et ses filles* qu'il proclame devoir être beau comme un *Lesueur* [3].

Sous le Consulat, probablement à la vente posthume de son atelier, ce tableau, considéré comme un des meilleurs de l'artiste, fut acheté par le Ministère de l'Intérieur.

En 1787, le rapport des commissaires, nommés pour l'examen des ouvrages envoyés par les élèves de l'Académie de France à Rome, lui

---

1. La *Gazette des Beaux-Arts* dans son t. II de 1872 (pp. 411 à 418) en avait déjà publié des extraits.

2. Pour ceci et tout ce qui va suivre jusqu'en 1787 inclusivement, nous suivrons la *Correspondance des Directeurs de l'Académie de France à Rome*, vol. XV, publiée par A. de Montaiglon et Jules Guiffrey (période 1785-1790).

3. *Procès-verbaux de l'Académie de peinture*, t. IX, pp. 309, 333, document n° 8763.

fut très favorable[1] : « Informés que le sieur Gauffier est dans une grande faiblesse de santé, nous n'avons pas été surpris de ne point voir sa figure finie; mais nous avons été instruits du mérite d'un tableau qu'il vient d'exécuter à Rome, et, d'après le rapport qui nous en a été fait, nous

l'invitons à suivre la route qu'il a prise. » Ces commissaires étaient Vien, Belle, Doyen, Bachelier, Mouchy, Voiriot, Le Comte, Renou.

Le 16 mai 1787, Lagrenée écrit à d'Angiviller : « Le jeune Gauffier vient de faire un tableau délicieux, encore mieux que celui de l'année passée. Ce tableau est pour M. le président Bernard. Dites-moi, je vous prie, si après la Saint Louis[2], je puis vous l'envoyer par la poste : il n'est pas grand, à peu près comme celui des *Chevaliers Danois*. J'ai trouvé le joint de proposer au jeune Gauffier de vous faire un tableau de la grandeur et du prix de celui que vous a fait M. David, ce qu'il a accepté avec beaucoup de reconnaissance, mais il est très long, vu sa mauvaise santé, car quand

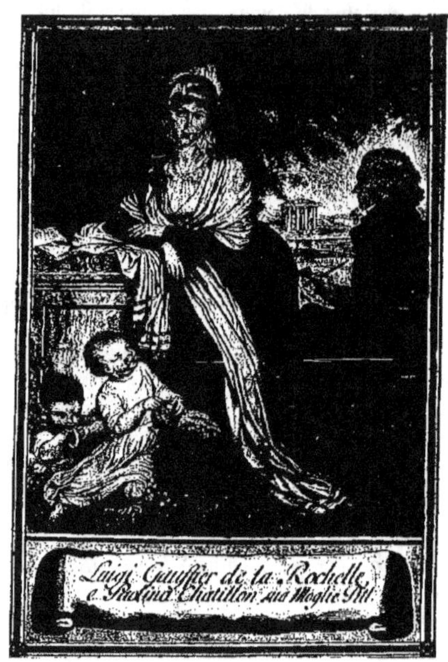

LA FAMILLE DE L'ARTISTE

(Collection Artus, Paris.)

il a travaillé trois ou quatre jours, il est obligé de se reposer et est souvent malade. » Le magistrat ici désigné est messire Anne-Gabriel-Henri Bernard, marquis de Boulainvilliers qui, d'après l'*Almanach Royal* de 1787, siégeait à

---

1. *Ibid.*, document 8775.
2. Les expositions d'élèves dans le local de l'Académie, au palais Mancini, sur le Corso, avaient lieu chaque année le jour de la fête du Roi.

la Grand'Chambre comme président des enquêtes et requêtes. Il devait être
fort âgé, sa nomination remontant à 1746.

Le 9 juillet, d'Angiviller répond de Versailles à Lagrenée : « Je ne puis
qu'approuver, Monsieur, la proposition que vous a faite le sieur Gauffier
de copier le beau tableau du Dominiquin, qui est à Grotta-Ferrata, vu que
ce tableau n'a pas encore été copié pour le Roi et que cette copie servira à
remplir pour le sieur Gauffier le devoir imposé à chaque pensionnnaire
de fournir pour S. M., pendant les quatre ans de son séjour à Rome, la
copie d'un morceau capital de quelque grand maître. »

Lagrenée répond à d'Angiviller de Rome, le 28 août : « Le sieur Gauffier
en revenant de Grotta-Ferrata, où il vient de faire sa copie pour le Roi, est
tombé malade d'une grosse fièvre : il lui sera impossible de satisfaire à
l'obligation d'envoyer une académie peinte ; à l'impossible nul n'est tenu :
mais son joli tableau et sa belle copie prouveront que, pour un jeune homme
d'aussi mauvaise santé, il a employé fructueusement son temps ». Il s'agit
ici de la *Guérison du Possédé* du Dominiquin[1].

Le Suisse Conrad Gessner mande à son père Salomon Gessner : « Rome
1er septembre 1787... Les pensionnaires français viennent de faire l'exposition de leurs tableaux. Il y a parmi eux, cette année, des jeunes gens d'un
talent marqué : B. Corneille[2], Lethière, Drouais, David, Fortin[3], Ramey[4],
Chaudet, Fontaine, Percier pour n'en citer que quelques-uns, qui peuvent
sur tous les points disputer l'avantage aux Allemands[5].

« J'ai remarqué entre autres un petit tableau dont le sujet est *Jacob et
Rachel* par un jeune artiste nommé Gauffier. Les figures ont six pouces de
haut : elles sont groupées avec goût, bien dessinées et du plus beau coloris. Le
paysage semble fait par un artiste de profession : aucun tableau d'histoire
ne m'en a offert de semblable ; les moutons seraient dignes du pinceau de

---

1. La copie de Gauffier fut envoyée en 1804 par Denon au Musée de la ville de Genève,
alors chef-lieu du département français du Léman. Cf. Rigaud, *Les Beaux-Arts à
Genève*, pp. 23 et 24 (troisième partie).

2. Corneille (Barthélémy), le sculpteur marseillais, émule de Chardigny. Il décéda
en 1812. On voit de Corneille au musée de Montpellier un beau buste en marbre blanc
d'Alfieri signé et daté de 1798 (Legs Fabre).

3. Fortin, sous l'Empire, eut avec Lemot et Chaudet une commande pour la cour
du Louvre et fit une des fontaines de Paris pour le quartier Popincourt, transportée
depuis au musée Carnavalet. Il est aussi l'auteur du fronton du Louvre en face le
Pont des Arts.

4. Ramey père, auquel on doit le *Napoléon en costume du sacre*, de la salle Chaudet
au Louvre, statue de marbre en pied, qui se trouvait avant 1870 au palais de Saint-
Cloud, mais qui avait été faite primitivement pour le Sénat-Conservateur.

5. Un autre Allemand, Hackert, qui l'a connu à Rome, parle en bons termes de
Gauffier dans une lettre à Gœthe du 4 mai 1806, citée par Thieme.

Roos. En général ce tableau se distingue par une belle ordonnance, une belle composition et un goût très pur. »

A son tour Drouais, qui estimait beaucoup Gauffier, va donner son opinion sur ce tableau[1]. Il est piquant de l'entendre juger son camarade et rival. Il s'exprime ainsi dans une lettre à David : « Il faut que je vous parle du Salon. Gauffier a exposé un petit tableau qui est charmant et surtout étonnant pour le rendu, c'est comme de la miniature.

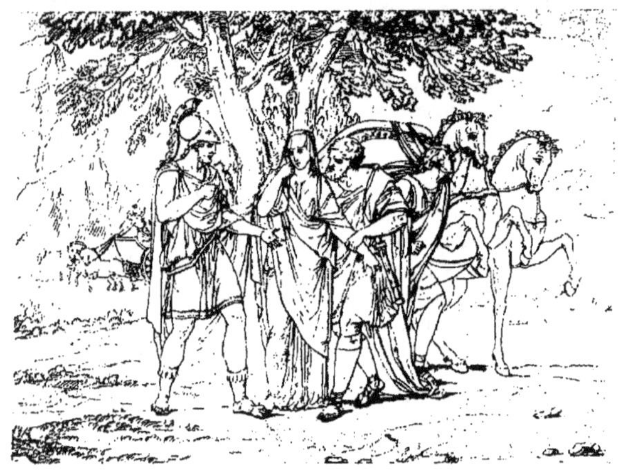

ULYSSE, ICARIUS ET PÉNÉLOPE
GRAVURE D'APRÈS UN TABLEAU DE GAUFFIER

« Il est fâcheux qu'avec le grand mérite qu'a son tableau, il ait pillé et écorché Raphaël ; c'est une chose impardonnable. Vous savez comme Raphaël a traité ce sujet : je puis me tromper, mais ce n'est pas au-dessous, comme vous le verrez. J'attends votre jugement pour savoir si je me trompe.

« Le paysage est fait comme un ange, et pour bien dire c'est un charmant tableau[2]. »

Le 26 septembre 1787, Lagrenée envoie à d'Angiviller une petite caisse contenant le tableau du sieur Gauffier, destiné au Président Bernard[3].

1. Drouais à David, 13 juin 1787. Jules David, *Le Peintre Louis David*, p. 42.
2. *Ibid.*, p. 45.
3. Lagrenée à d'Angiviller, lettre du 26 septembre 1787.

Si bien traitées que soient ces toiles, elles ont selon nous quelque chose d'un peu froid dans le choix des sujets empruntés presque tous à la Fable ou à l'histoire romaine. Ce classicisme, sans doute, comme base d'enseignement, ne pouvait que favoriser un talent où se montrait déjà du goût, de la finesse. Mais, avec tous nos contemporains, nous lui préférons ce naturalisme sain et nuancé dont Gauffier a tiré un parti merveilleux dans ses portraits.

En 1788, il livre un tableau commandé par l'Etat. Il l'a exposé à l'Académie, ce qui lui a valu l'envoi de plusieurs sonnets d'amateurs ; son sujet est : *Cléopâtre*. Le directeur, qui s'en montre toujours satisfait, écrit à ce propos à d'Angiviller : « Sa santé faible et chancelante, un goût naturellement porté aux sujets simples et doux, l'ont éloigné des études plus vigoureuses qu'il aurait pu faire à Rome. Le sieur Gauffier est présentement à Naples, ayant fini son temps d'études[1] ». Ce voyage a été fort approuvé par d'Angiviller[2]. Il compte y passer trois semaines.

Son Directeur à Rome ajoute qu'il n'a pas cru devoir l'engager à changer son genre, désirant seulement qu'il s'y perfectionne. Tous les talents ne peuvent se ressembler ; le contraire serait malheureux pour l'Ecole.

En novembre, Gauffier est encore en Italie ayant obtenu de prolonger de six mois la durée de ses études au palais Mancini, ce que d'Angiviller n'accordait qu'aux élèves de mérite[3].

Le 28 avril 1789, il quitte Rome après avoir touché la gratification habituelle pour rentrer à Paris. Il était très aimé à l'Académie de France et il emporta les regrets de tous ceux qui le connaissaient. « Pour ma part, ajoute son directeur Ménageot dans sa missive du 29 avril 1789, je n'ai eu qu'à me louer de son honnêteté et de son exactitude à remplir ses devoirs de pensionnaire ; il a un talent agréable qu'il perfectionnera encore par la pratique. »

Gauffier envoya au Salon de 1789 un *Alexandre et Ephestion* et son *Jacob venant trouver les filles de Laban* dont nous avons déjà parlé, enfin une *Entrevue d'Auguste et de Cléopâtre après la bataille d'Actium*.

Le 24 août de cette même année, il fut agréé à l'Académie, mais il ne devint jamais académicien. Il se maria à Rome en mars 1790 avec une demoiselle Pauline Chatillon, son élève, qui avait aussi étudié avec Drouais et qui a laissé quelques portraits[4]. Elle le suivit à Florence. Ce fut

---

1. Ménageot à d'Angiviller, Rome, 10 septembre 1788.
2. D'Angiviller à Ménageot, du 27 septembre 1788.
3. Ménageot à d'Angiviller, Rome, 12 novembre 1788 et 5 novembre.
4. Mme G. exposa au Salon de 1798. Bartolozzi a gravé plusieurs de ses tableaux.

un mariage d'inclination : car il n'avait pour toute fortune que son talent. Au Salon de 1791, nouveau lot de sujets antiques signés de Gauffier : *Alexandre mettant son anneau sur la bouche d'Ephestion ; Générosité des dames romaines ; Prédiction de la naissance de Samson ; Achille reconnu par Ulysse*, etc.

La Générosité des dames romaines, actuellement au Palais de Fontainebleau, figure dans les inventaires du Louvre sous le titre plus explicite de :

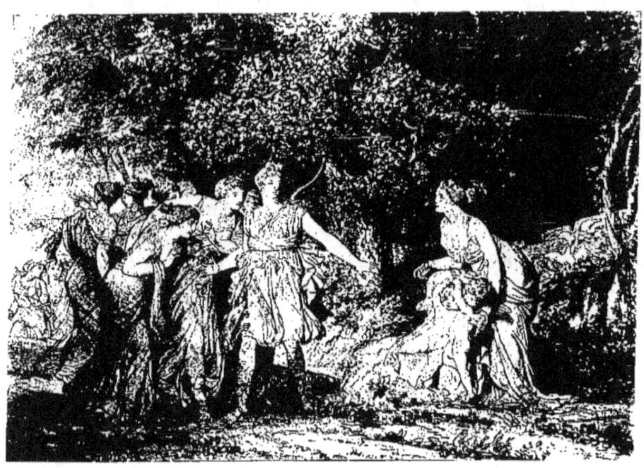

Arch. phot. d'Art et d'Hist.

DIANE JOUÉE PAR VÉNUS, DESSIN

(Musée de Montpellier.)

Cornélie, mère des Gracques, sollicitée par les dames romaines de donner ses bijoux à la patrie.

Le Louvre possède un autre tableau d'histoire de Gauffier : *Trois jeunes hommes apparaissent à Abraham dans la vallée de Mambré et lui prédisent que sa femme concevra un fils.*

Cependant Gauffier s'était installé avec sa femme à Florence. Il y était déjà dès 1793 avec son ancien camarade de l'École de Rome, Fabre[1]. D'après son portrait, il est de tournure et d'aspect aristocratiques. Renouvier confirme cette impression lorsqu'il dit que Fabre et lui sont les seuls élèves

1. *Correspondance des directeurs.* t. XVI. p. 331.

de Rome qui refusent leur adhésion à la République et demeurent monarchistes [1]. Autre preuve de cet état d'esprit : dès le 26 décembre 1793, en effet, en séance de la Société populaire et républicaine des Arts, du 6 nivôse an II, qui se tient au Louvre sous la présidence de Wicar, il est donné connaissance de correspondances d'Italie dénonçant Desmarais « émigré » à Pise, Corneille et Gagneraux l'aîné. Gauffier y est particulièrement visé comme étant « le peintre en titre de l'infâme lord Hervey, l'ambassadeur d'Angleterre, et comme protégé par le soi-disant prince Auguste, l'ennemi acharné de la France », enfin comme frayant avec la société du Cardinal de Bernis [2]. Ces milieux ne peuvent que lui plaire pour leur distinction ; il y trouve aussi des clients.

En 1796 et 1797 et les années suivantes, tant à Rome qu'à Florence et à Naples, Gauffier exécuta des portraits de généraux français, de diplomates anglais ou français. Pour l'iconographie historique de ces années jusqu'à 1801, ses effigies ont une valeur de ressemblance et d'exactitude dans les costumes. C'est ainsi qu'on lui doit un *Portrait du général J. J. Dessolles* [3], qui fit toutes les campagnes de la République et de l'Empire, représenté en pied, tenant à la main les préliminaires de Leoben et une branche de laurier. Le Musée de Versailles en possède la copie par Rioult, l'original étant demeuré dans la famille du général [4].

Le Musée de Versailles conserve aussi de Gauffier onze charmantes petites études non poussées, d'une hauteur de 0^m11 et de 0^m28 sur 0^m15 ou 0^m24 de largeur qui représentent : 1° *Le général Dessolles* ; 2° *Un personnage assis le bras gauche appuyé sur une carte* ; 3° *Un général debout sur une jetée au bord de la mer* (c'est le n° 4848 du catalogue Soulié).

Le numéro suivant offre trois personnages dont l'un est Léopold Berthier, frère du maréchal ; les autres, dans un même cadre, sont : 1° *Un homme assis*, le bras gauche appuyé sur une table où se trouve un portefeuille ; 2° *Une dame jouant du clavecin* ; 3° *Son mari en costume de général*, assis, le bras droit appuyé sur une table où se trouve une carte.

Le n° 4850 à la suite offre un cadre avec quatre esquisses représentant : 1° *Un homme debout*, portant un cordon bleu et appuyé sur un fragment antique. (Nous pensons qu'il s'agit ici de Louis Ier roi d'Etrurie, la poitrine barrée par le grand cordon de Charles III) ; 2° *Une dame appuyée sur une borne devant une fontaine antique* ; 3° *Un homme debout au milieu de fragments antiques* ; 4° *Deux enfants cueillant des raisins*.

---

1. *L'Art sous la Révolution*, 1863, p. 16.
2. Lapauze. *Procès-verbaux de la Commune des Arts*. 1 vol. (1923), p. 201-202.
3. Né à Auch, le 3 juillet 1767.
4. H. $0^m67 \times$ L. 0^m51.

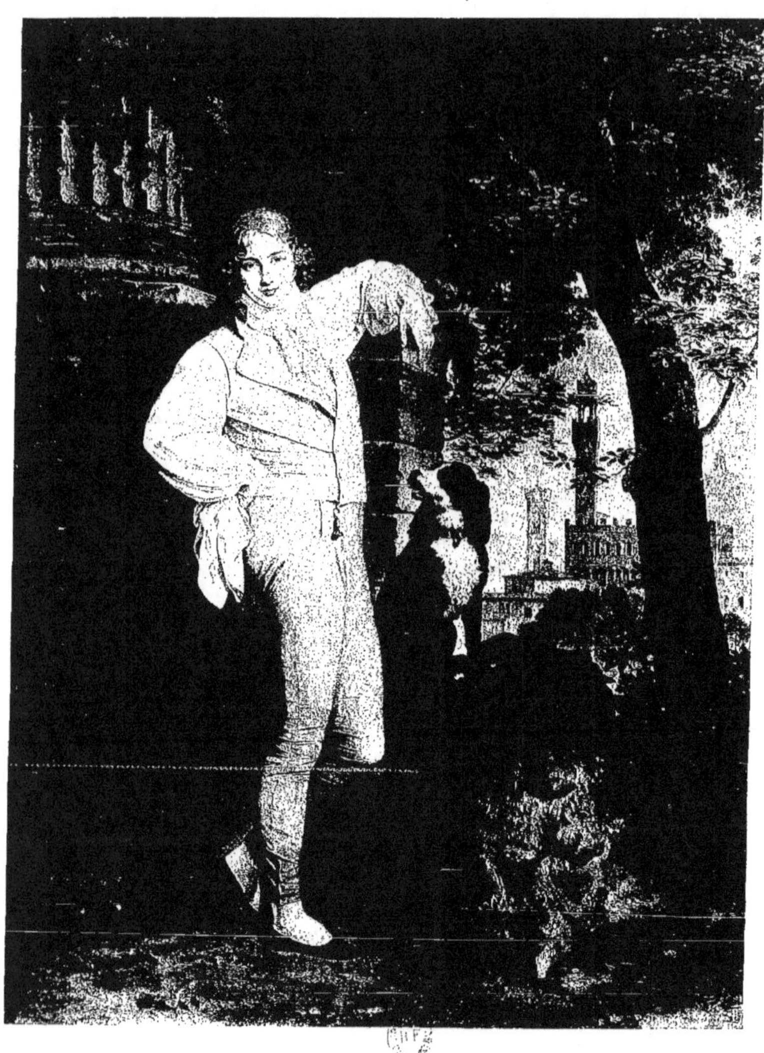

PORTRAIT DE JEUNE HOMME
par Louis Gauffier
(*Collection Koudacheff.*)

Héliotypie Léon Marotte

Le n° 4851 (catalogue Soulié) est l'esquisse d'une famille inconnue. Un personnage avec sa femme et ses six enfants cueillent les fruits d'un oranger planté dans un grand vase de terre cuite.

Le n° 4852, enfin, fixe l'image de la famille du diplomate français accrédité à Florence sous le dernier grand duc avant l'an VII, Miot, l'ami de Joseph Bonaparte[1]. Miot est figuré avec sa femme et ses trois enfants dans son intérieur. Esquisse intéressante reproduite sous le nom erronné de *Gauthier*,

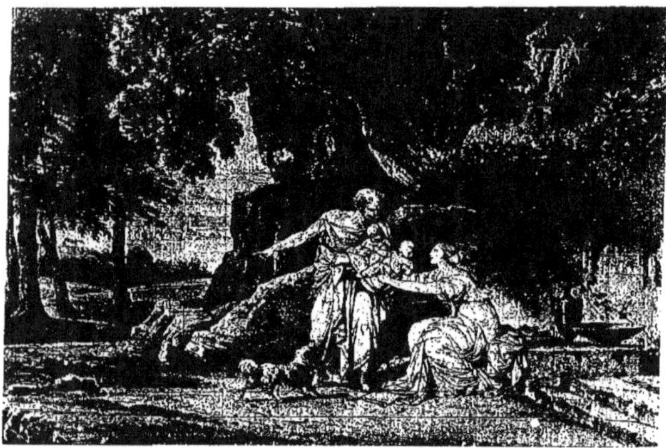

DÉCOUVERTE DE ROMULUS ET DE REMUS, DESSIN
(Musée de Montpellier.)

dans *Les Arts*, fasc. de septembre 1906. La toile originale existe encore dans la famille Miot.

Grâce à ces petites répliques à l'huile que le maître avait conservées de tableaux achevés, on peut se faire une idée de la fécondité de son talent.

Celles, au nombre de onze également et de mêmes dimensions, qui figurent sous le n° 535[2], au Musée de Montpellier, ont été inventoriées au catalogue de l'Exposition universelle de 1900 (Section rétrospective) sous l'attribution erronée à Gros ; elles sont de Gauffier.

1. Pour quelques précisions de plus voyez, sur ces petits portraits prêtés à l'Exposition de David et de ses élèves à Paris, le *Bulletin de la Société de l'Art français* de 1913. Rectifications au catalogue par MM. G. Brière et L. Rosenthal.
2. *Catalogue du Musée Fabre à Montpellier*, par E. Michel.

Il y a notamment au Musée de Montpellier quatre portraits de généraux de la Ire République ayant guerroyé en Italie et faits sur place par Gauffier avec fonds de débris antiques. Nous y voyons également la réduction du petit portrait du jeune officier cisalpin venu à Florence avec le corps du général Pino en 1801. Ces esquisses de Montpellier proviennent du legs Bruyas. J'ai déjà dit ce que j'en pensais en 1901 après l'exposition qui en fut faite à Paris[1].

Elles sont bien de Gauffier et je suis allé jusqu'à penser que dans deux d'entre elles, on pourrait trouver l'image de diplomates représentant la France à Florence et à Rome sous le Directoire : Reinhard et Cacault. Mais ces dernières identifications, comme celle de Louis Ier, roi d'Etrurie, sont à approfondir.

Ce Bourbon arriva à Florence avec Murat le 10 août 1801. Gauffier, qui devait mourir à Livourne le 20 octobre, vécut encore assez pour avoir le temps de saisir les traits du premier roi intronisé par Bonaparte dès le Consulat.

Au cours du xixe siècle, deux toiles réunissant vingt-deux très petites études du même genre, par Gauffier encore, passèrent à la vente de feu Augustin, le miniaturiste. Mais en 1839, année de cette vente, le nom de Gauffier n'était pas coté ; ces esquisses n'atteignirent qu'un prix infime.

Néanmoins le double fait d'avoir retenu l'attention du peintre Gros, qui en possédait aussi, et d'Augustin venge la mémoire de Gauffier de cette indifférence des habitués de l'hôtel Bullion, le Drouot d'alors. En 1811, à la vente Jauffret, une réplique de son tableau : *Dames romaines faisant don à la patrie de leurs bijoux*, atteignit 321 francs, et, en 1862 (Vente X), un *Portrait de l'artiste, de sa femme et de sa belle-mère*, 290 francs seulement[2].

Mais depuis... les choses ont bien changé !

Si des esquisses nous passons maintenant aux portraits achevés de Gauffier, nous citerons : en 1900, à l'Exposition centennale à la *National Portrait Gallery* à Londres, celui en pied peint à Florence en 1796, de *Henri Richard Vassal Fox* dit : *lord Holland* (1773-1840)[3]. Il est daté de Florence 1796 et signé en toutes lettres suivant la coutume de l'artiste. De la même année est également ce délicieux portrait de jeune homme en bras de chemise que nous reproduisons en hors-texte.

---

1. Paul Marmottan. *Les Arts en Toscane sous Napoléon*, note 80.
2. Mireur. *Dictionnaire des ventes d'Art* (1911).
3. N° 1382 du catalogue. Dimensions : H. 0[m]26 1/4 × L. 0[m]19 3/4. Notre confrère, M. Dimier, en a fait aussi mention dans le volume de la *Société de l'Art français* de 1924.

Dans ces deux pages distinguées, à remarquer dans les fonds, les aspects très exacts de Florence et les jolis costumes Directoire.

La même vue de Florence, mais d'un autre côté (côté de Boboli avec la tour du Palais-Vieux) se retrouve dans le fond d'un portrait d'égale dimension (Gauffier affectionnait ces dimensions : H. 0m63×L. 0m51) d'un jeune officier de la légion cisalpine du corps d'occupation de Pino sous

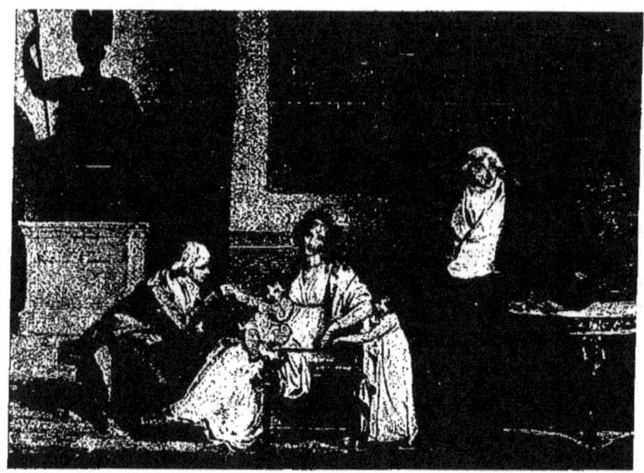

L'AMBASSADEUR MIOT ET SA FAMILLE. ESQUISSE
(Musée de Versailles.)

Miollis, alors en Toscane, portrait pris à Florence en 1797-1798 d'après nature (collection Paul Marmottan)[1].

Il est signé et daté ainsi : *Gauffier. Florence. 1801.* L'uniforme est vert, couleur nationale. Le jeune militaire imberbe, au teint coloré, porte la tête penchée un peu à gauche. Il a une extrème finesse dans le regard. Il est représenté en pied et porte des demi-bottes collantes à la hongroise découpées en cœur vers le haut et avec glands. L'habit est long, boutonné et à très haut col droit rigide.

Il y a sur la figure de ce charmant officier, galonné d'or sur toutes les coutures, un très joli jeu de lumière qui l'éclaire avantageusement et en fait

1. A figuré à l'*Exposition de David et de ses élèves*, organisée au Petit Palais des Champs-Élysées, en 1913.

valoir l'agrément. Sur un pilastre du vestibule, qui meuble la droite du tableau, d'autres reflets apparaissent d'un accent de vérité très bien saisi.

L'auteur n'a rien négligé dans les détails. Je signalerai, par exemple, l'élégance de la cravate haute se détachant sur une chemise plastron ornée d'un camée et d'un gilet blanc dépassant le dessous de l'habit sous sa ceinture.

Le chapeau bas, que cet Adonis tient de la main gauche, porte la cocarde aux trois couleurs et un beau plumet blanc, rouge et vert. Gauffier le fait poser, le bras gauche appuyé sur un sabre du plus pur style de l'époque et très exactement réglementaire. Cette arme de luxe avec sa dragonne est de forme légèrement recourbée. Un gant est négligemment posé et tenu sur la poignée. Le fond est formé par une terrasse où se distingue un oranger dans un vase de terre qu'a déjà employé l'artiste dans d'autres tableaux ; les verts, après plus d'un siècle, ont naturellement poussé au noir.

Madame Jules Hollande, née Berthier de Lasalle[1], possède à Paris, venant d'héritage de famille, le petit portrait original du général de brigade *Léopold Berthier* (H. 0^{m}65 × L. 0^{m}51), dont l'esquisse est à Versailles.

Le héros a le visage jeune et imberbe ; sa chevelure est frisée ; il est vu de profil, en pied, et il appuie sa main gauche sur le parapet d'un quai. Le fond du tableau est la baie de Naples avec le Vésuve fumant : la rade est remplie de voiles latines ; au premier plan, un brick battant pavillon américain. Berthier a déposé, près de lui, sa canne ainsi que son chapeau bas à cocarde et plumet tricolores. On peut étudier son élégant uniforme Directoire en détail, tant le peintre l'a traité avec conscience : habit noir assez long à haut col rabattu rouge, écharpe bleue, ceinturon de cuir rouge avec ornements et parements dorés, sabre surmonté à la poignée d'un casque ciselé et doré de style à la Romaine, culotte collante noire, bottes à la hongroise. L'œuvre est signée : *L. Gauffier. Fior, an 7*^{e}. c'est-à-dire 1799, année où le général vint à Naples, avec Championnet, en qualité de chef d'état-major.

D'après l'indication de la signature, Gauffier aurait peint ou, tout au moins, achevé ce portrait à Florence, sa ville de prédilection qui, après ses années d'école de Rome, le retint le restant de sa vie.

L'Académie des Beaux-Arts de Florence exposait assez mal son portrait par lui-même avec sa famille (H. 0^{m}70 × L. 0^{m}53). Il y a là sa femme, née Pauline Chatillon, et deux enfants ; ce tableau si intéressant, qui était

---

1. Nous remercions ici Madame Hollande de nous avoir permis l'étude du tableau.

au palais de la Crocetta, serait passé depuis peu à la Galerie des
Offices.

Un second portrait authentique de l'artiste à l'état d'aquarelle est conservé
à Paris dans la collection Artus. Il est particulièrement attachant, car il
groupe Gauffier et sa famille.

Sous le n° 255 du catalogue de 1904, on voit au Musée de Montpellier,
(H. 0^{m}67 × L. 0^{m}50), une toile de Gauffier représentant un homme de 35 à

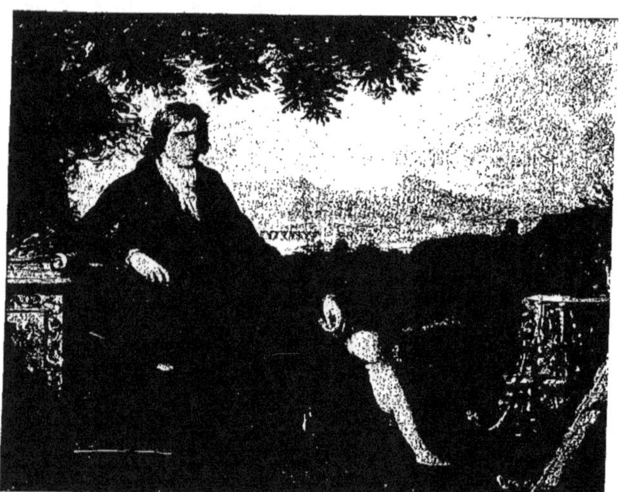

PORTRAIT D'HOMME DANS UN PAYSAGE, ESQUISSE PEINTE
(Musée de Montpellier.)

40 ans, en costume civil, datée et signée de Florence 1797. Le fond
représente une vue des environs de cette ville. Le personnage appuie sa
main droite sur un balcon de pierre orné de vases de fleurs. Cette main
tient un crayon. A terre, le long du mur, est un carton à dessins.

Ces accessoires semblaient désigner, comme l'ont pensé les rédacteurs des
anciens catalogues, un artiste français de l'époque Directoire, sans doute un
des camarades français de Gauffier.

Depuis peu d'années, grâce à une vieille mention à l'encre transcrite
derrière le châssis vierge et de l'écriture de Fabre, qui l'a donnée à la ville

de Montpellier, l'on sait que cette toile représente le peintre wallon van
Vyck Coklers, élève de Pécheux à Turin.

Ce peintre, d'après Thieme, était né à Liége le 5 mai 1741[1]. La mention
en a été relevée par M. Joubin, conservateur honoraire du Musée Fabre,
aujourd'hui directeur de la bibliothèque d'Art et d'Archéologie de Paris.

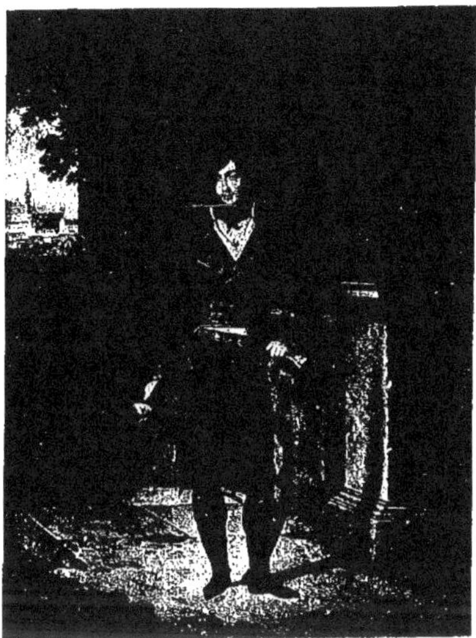

(Collection Paul Marmottan, Paris.)

Pour un autre tableau du même genre, M. Joubin a découvert derrière le châssis, également avec une écriture du temps, la mention du célèbre archéologue danois, G. Zoëga (1755-1809)[2].

Quant à Coklers, sa tête rasée et encadrée de cheveux bouclés a du caractère, même une physionomie grave. Il se détache sur un ciel très clair, tandis que l'artiste a fixé des effets de soleil d'Italie dans d'autres parties du tableau. Tout cela est très vrai, très saisissant, la pose fort naturelle et le rendu des étoffes parfait. Les jeux de lumière, du soleil spécialement, sont toujours très justes chez Gauffier. L'habit gris est celui du Directoire;
la culotte courte de nankin est jaune, les bas et le gilet blancs. Au bas de
ce gilet pend une breloque à cachet. Le chapeau mou a ses bords
relevés.

Ce portrait est très instructif pour juger la technique davidienne de

1. Il mourut en 1817. L'âge, qu'il a sur le portrait exécuté en 1797, concorde,
semble-t-il, avec ces renseignements.
2. Aujourd'hui dans la collection H. de Rothschild depuis la vente Manzi en 1919
(Chiquet expert).

l'auteur ; et, par ailleurs, il est précieux pour le rendu scrupuleux des modes contemporaines [1].

Mais revenons à de nouvelles petites études authentiques de Gauffier, faites certainement par l'artiste pour conserver le souvenir de tableaux exécutés.

Il est passé en vente à l'hôtel Drouot, le 19 décembre 1913, huit très petites réductions, plutôt qu'ébauches, encadrées et réunies (Sortais, expert ; vente de Madame A. H.), cataloguées à tort sous l'appellation « École anglaise ». Deux d'entre elles représentaient des personnages de l'époque Directoire, dont l'un en costume officiel de ministre plénipotentiaire assis sur un fauteuil, les fonds formés par des paysages vaporeux des environs de Florence. Ces études, rappelaient de manière frappante celles qui sont conservées à Versailles, sans être toutefois les mêmes quant aux sujets. Le prix obtenu fut de 2.800 francs ; elles furent rachetées par la propriétaire. Elles n'avaient atteint que 24 fr. 50 à la vente de feu Augustin, en 1839 [2].

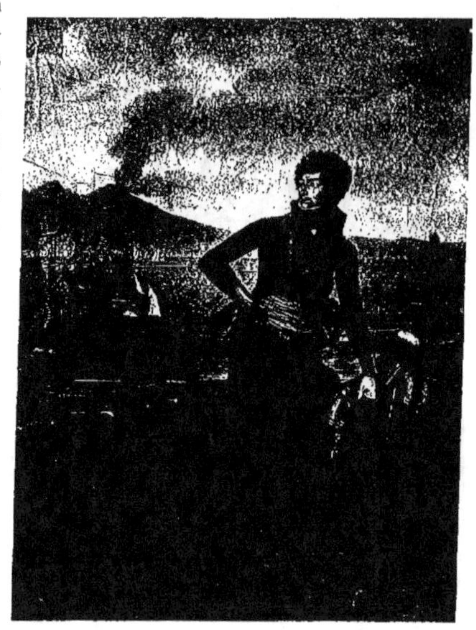

PORTRAIT
DU GÉNÉRAL LÉOPOLD BERTHIER, 1799
(Collection de M⸺ Jules Hollande, Paris.)

1. Il a été reproduit dans la *Gazette des Beaux-Arts* en 1923.
2. Augustin, le célèbre miniaturiste, catalogue rédigé par M. Ch. Paillet, commissaire expert honoraire du Musée Royal, petit in-8°, p. 17. Les huit petites esquisses figurent sous le n° 11. Au n° 12, sont mentionnés les 14 autres esquisses de personnages de la même époque (du Directoire principalement), qui obtinrent le prix de 51 francs. (Catalogue avec les prix manuscrits appartenant à M. Hector Lefuel.)

Si l'on pouvait réunir ces huit petites toiles aux vingt-deux de Versailles et de Montpellier, on aurait une très importante partie de l'œuvre de Gauffier sous les yeux, et l'on pourrait se rendre compte de l'intérêt documentaire de ces portraits historiques. C'est, selon nous, par ce genre que la mémoire de cet artiste vivra.

Gauffier peignit Edgar Clarke, fils du ministre français à Florence, vraisemblablement aussi le futur duc de Feltre, le général Dumas, le général baron d'Hévilly (1801)[1] dans un paysage de la baie de Naples, où on aperçoit le Vésuve au fond.

Parmi ses portraits collectifs, l'un deux retrouvé en ces dernières années à Florence par le prince russe Serge Koudacheff est passé dans une collection parisienne en 1925. Il est signé en toutes lettres : *Louis Gauffier 1800.* C'est une scène de famille dont la petite esquisse figure parmi celles de Montpellier[2].

Le tableau original mesure 0m73 de hauteur sur 1 mètre de largeur. Une jeune femme en robe blanche reposant de face sur un sopha Directoire montre de la main gauche sa mère assise près d'elle et s'accoudant sur un guéridon de même style. La vieille dame en bonnet de dentelle, campée de profil, est en train de lui remettre ses bijoux. Un jeune fiancé tenant une lettre est appuyé sur le haut du sopha montrant du doigt le portrait appendu au mur du père décédé assistant en effigie à cette scène intime. Son visage traduit comme un sentiment de regret ou tout au moins de souci. La scène se passe dans un intérieur où figure, suspendu au mur, un paysage montagneux des environs de Florence occupé en partie par le bâtiment d'une propriété de famille.

Ce dernier point de repère, cette *casa*, pourrait aider un Florentin érudit connaissant bien son terroir à la reconnaître si la *tenuta*[3] existe encore du côté de l'Apennin et à exhumer le nom de la famille à laquelle elle appartenait en 1800 ; de cette façon l'on pourrait arriver à identifier les personnages. Leur type, leur mise distinguée, leur ameublement, tout annonce une origine aristocratique.

Il n'y a rien à reprendre dans ce joli tableau ; c'est une des pages les plus précieuses du maître.

Gauffier dessinait avec finesse et faisait très ressemblant ; il avait du

1. Collection Bernard Franck, H. 0m65 × L. 0m50. Ce portrait a figuré à l'exposition rétrospective des œuvres de *David et de ses élèves*, organisée au Palais des Beaux-Arts de la Ville de Paris en 1913.

2. André Joubin, *Les Collections de Fr. X. Fabre au Musée de Montpellier*, Gazette *des Beaux-Arts*, Août 1923.

3. En italien *tenuta* signifie : terre, possession, métairie.

goût pour interpréter les accessoires et les costumes qu'il transcrivait très fidèlement.

Son modelé est fondu dans la perfection. Sa touche imperceptible ne sent jamais l'effort. Sa technique, ici comme là (aux sujets près), s'apparente aux compositions d'un Lesueur, le dessin est impeccable, le sens des effets de lumières absolument supérieur.

Ses fonds sont ordinairement des vues de Florence ou de ses environs. Il

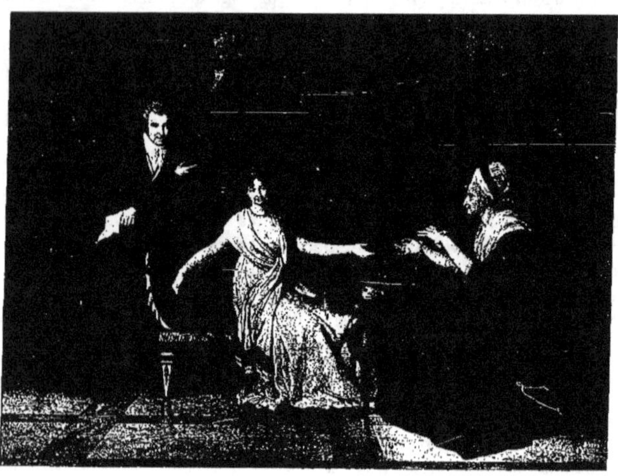

UNE MÈRE DONNANT SES BIJOUX A SA BELLE-FILLE. 1800

(Collection Paul Marmottan, Paris.)

s'était exercé au paysage et on lui doit quelque vues de *Vallombreuse*, notamment celle où il s'est représenté assis sur la terrasse du Paradisino, causant avec deux moines. Cette terrasse domine le val d'Arno et l'artiste en a rendu avec aisance les oppositions d'éclairage et l'horizon qu'on devine immense.

Le Musée de Montpellier expose un tableau pareil à une réplique de ce sujet que nous possédons (H. 0^m38 × L. 0^m50), réplique signée des initiales de l'artiste : L. G.

Voici ce que dit un voyageur, d'un de ces paysages :

« *Vallombreuse*. — Sur le penchant d'une colline à gauche, une pelouse immense sert à la nourriture de nombreux troupeaux de bêtes à laine ; cette belle prairie, les animaux qui la couvrent, les attelages de bœufs qui font les transports de bois et de fourrages, les fabriques du hameau, celles du monastère, les lignes de grands arbres qui les environnent, les montagnes boisées qui les dominent, font de ce lieu un paysage ravissant, plein de mouvement et de vie, éclairé par les rayons d'un soleil couchant, il offre un des magnifiques tableaux de la nature.

« Un peintre français, M. Goiffier (*sic*), épris des beautés de cette solitude, les a reproduites dans une de ses compositions qui lui font honneur[1]. »

On lui doit aussi une *Vue générale de Florence* que Landon a gravée au trait dans ses *Annales du Musée*[2]. Elle fut achetée à la vente posthume de l'artiste par le peintre Gros.

Gauffier était fort apprécié de ses contemporains et notamment du peintre français Fabre. Son talent était déjà si bien classé qu'un connaisseur célèbre, Lebrun, mari de Mme Vigée, écrivait de lui, en 1800 à Lucien Bonaparte, ministre de l'Intérieur, dans un rapport sur les artistes, après avoir cité son tableau du *Sacrifice de Gédéon* : « Artiste errant qui se rapproche de Lesueur et Lairesse ; digne d'être rappelé ». Gauffier était alors en Italie[3]. Clément de Ris[4], organisateur et administrateur des musées de province sous Napoléon III, visitant celui de Montpellier, cite quinze dessins à la plume de Louis Gauffier dont le meilleur est le *Saint Jean adorant l'Enfant Jésus*. Style, élégance, originalité attestent selon lui les qualités de « ce rejeton de Taraval greffé de David », ainsi qu'il le définit en termes imagés.

Au moment où le gouvernement, s'inspirant des conclusions de Lebrun, expert très écouté, s'apprêtait à faire revenir Gauffier en France pour lui confier des travaux, l'artiste mourut à Livourne le 20 octobre 1801, à l'âge de trente-sept ans[5]. Sa femme, qui fut son élève, était décédée trois

---

1. *Voyage en Italie*, t. II, p. 256, par feu André Thouin, rédigé sur le journal autographe par le baron Trouvé (d'après le manuscrit datant de 1797).

2. Extrait de la série de l'*École moderne*, t. II, p. 19 pl. 15, édition de 1833, in-8°.

3. *Archives de l'Art français*, vol. de 1872, p. 433.

4. *Les Musées de Province*, histoire et description ; deuxième édition, 1872.

5. Le *Moniteur universel* lui consacra une notice élogieuse le 28 brumaire an X. La date de la mort est aussi celle donnée par M. Moinet (*Revue de Saintonge...*, 1895, t. XV), mais ce dernier fait décéder l'artiste à Venise et non à Livourne. Il semble peu vraisemblable que la notice contemporaine du *Moniteur* soit erronée sur ce point.

mois avant, et ce malheur contribua à aggraver la maladie qui conduisit
Gauffier au tombeau.

Peu de jours avant de mourir, il avait fait parvenir à son vieux père
(qui ne décéda que le 12 février 1808) un tableau représentant le *Retour
de l'enfant prodigue*. C'était, dit Moinet, son portrait et celui de son père.
Ce fait est sans doute peu aisé à vérifier aujourd'hui, mais ce n'est pourtant
pas impossible, puisque nous possédons les traits de Gauffier dans une

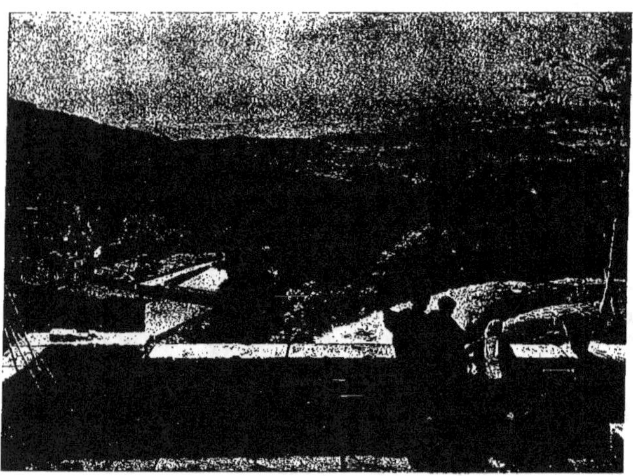

LA TERRASSE DE VALLOMBREUSE
(Collection Paul Marmottan, Paris.)

aquarelle de la collection Artus et dans une toile des Ulizzi à Florence.

En tout cas, son père légua ce tableau à un ami intime, M. Bouffard,
négociant à Rochefort. On le voit aujourd'hui au musée de cette
ville [1].

Gauffier en mourant chargea deux de ses camarades alors à Paris, les
citoyens Chaudet, sculpteur, et Mérimée, peintre, d'y vendre, pour venir en
aide à ses deux orphelins, les tableaux et dessins de son atelier. Cette
collection était leur seul patrimoine. Elle fut exposée dans la salle de la
Société des Amis des Arts, cour du Louvre, les 17 et 18 floréal an X

1. Cité par Guédy.

(mai 1802), et l'on procéda à la vente les deux jours suivants depuis 5 heures du soir jusqu'à 8 heures [1].

Le père de Mme Gauffier eut la tutelle des enfants. L'un d'eux, sa fille Faustine, fut adoptée par son camarade Desmarais qui, dès le 15 juillet 1807, après l'annexion de Carrare à la principauté de Lucques, devint professeur à l'Académie de cette ville, rétablie par la sœur de Napoléon, Elisa, princesse de Lucques et de Piombino.

Élisa prit même gratuitement à son Institut modèle de Lucques, sa fondation, cette fille adoptive de Desmarais [2] et se l'attacha par la suite en qualité de dame de compagnie.

Parmi les toiles de Gauffier qui furent achetées après sa mort, nous en retrouvons deux, à savoir : *La Mère des Gracques* et une *Idylle*, dans l'inventaire manuscrit et inédit [3] du château de Villiers, dressé en août 1808 sur les ordres de Napoléon après que Murat son possesseur, nommé roi de Naples, eût cédé à l'Empereur, son beau-frère, ses propriétés de France avec leur contenu. Le ci-devant grand-duc de Berg (Murat) avait acquis ces tableaux pour sa galerie de Villiers (Seine) tant pour le talent qui s'y rencontrait que pour aider les deux enfants du peintre.

Les portraits, qu'on a de Gauffier, réunissent à un grand charme d'expression un joli coloris, du naturel et de la simplicité, et le souci du détail pittoresque, qu'il s'agisse d'un uniforme militaire, d'un meuble de style ou du fond de paysage dans lequel est campé le personnage.

Manière pure, fine et gracieuse, goût délicat, telles sont les qualités que lui reconnaît Siret. Nous ne saurions mieux faire pour nous résumer que de souscrire à ce jugement.

PAUL MARMOTTAN

---

1. Landon, *Nouvelles des Arts*, 1802, II, 209.

2. Le décret admettant la fille de Gauffier à l'Institut-Élisa, avec pension entière, fut daté de Piombino le 8 mai 1808, signé « Félix » (le prince), contresigné par le ministre secrétaire d'État lucquois Vannucci et imprimé dans le *Bollettino ufficiale delle Leggi e decreti del Principato lucchese*, t. VI, p. 147.

Elle était née en 1792 ; elle figure dans le portrait de famille que nous reproduisons. Sous la Restauration elle épousa à Lucques un sieur Malfatti et signa de jolies miniatures. Elle mourut en Italie (1837). — *Renseignement particulier dû à notre confrère, M. Jeannerat.* Voyez aussi *Les Arts en Toscane sous Napoléon*, p. 80-81.

3. Arch. Nat. O²767 et *ibidem*. Reçu de Denon, directeur général du Musée Napoléon.

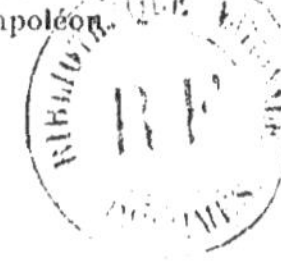